김연화 시집

다섯 번째 계절

초판 발행 2025년 5월 30일

지은이 김연화
펴낸이 임화자 · 김운기
펴낸곳 문학공동체샘물

등록일 2025년 2월 19일
등록번호 제2025-000030호
주소 16348 경기도 수원시 장안구 파장천로25번길 9
전화 031-269-9991 **팩스** 031-241-2322
전자우편 saemmul25@naver.com

값 12,000원
ISBN 979-11-992167-1-6 03810

*이 책의 판권은 지은이와 문학공동체샘물에 있습니다.
 양측의 서면동의 없는 무단 전재 및 복제를 금합니다.

샘물시집시리즈 2

김연화 시집

다섯 번째 계절

문학공동체샘물

시인의 말

아직 대문을 달지 않은 집 같아서
부끄럽지만
쓰는 동안 행복했습니다
지금의 나를 뛰어넘기 위해서는
한 번 더 부끄러워지기로 했습니다
안 된다고 징징대지
않기로 했습니다
잠자는 시간을 줄여서
더 정진하라는 뜻으로 매달아 놓은
절집 처마 끝
물고기 모양의 풍경을
내 마음 한편에
옮겨 달아 보렵니다

2025년 초여름
김연화

● 차례

시인의 말 · 5

1부

2월 · 12
겹꽃 애기동백 · 13
봄비 · 14
바느질 · 15
연정 · 16
그러기만 하다가 · 17
벌초 · 18
달빛에 대하여 · 19
회고주의자 · 20
안부의 빛깔 · 22
민들레 꽃씨 · 23
솜이불 · 24
마가목 · 25
치우지 말걸 · 26
수수꽃다리 · 28
소금산의 이월 · 29
MRI를 찍으며 · 30
영벽정 · 31
거짓말을 하다 · 32

2부

복사꽃 피면	· 34
오월의 숲	· 35
소나기	· 36
라일락	· 37
앵두꽃	· 38
이별	· 39
회상	· 40
양수리 연꽃	· 41
솟대	· 42
매미	· 43
봄 스케치	· 44
느티나무	· 45
선풍기를 닦으며	· 46
섬	· 47
살구나무 아래서	· 48
수녀원에서	· 49
네잎클로버	· 50
이팝꽃	· 51
짝사랑	· 52

● 차례

3부

풍경	· 54
내 생일날엔	· 55
지인	· 56
채송화	· 57
안개꽃	· 58
단풍	· 59
빗소리	· 60
그 미안함에 대하여	· 61
시인	· 62
이별	· 63
빈집	· 64
늦가을 비	· 65
허수아비에게	· 66
코스모스 축제	· 67
불면	· 68
김장 배추	· 69
추억	· 70
운무가 피는 산	· 71
이소	· 72

4부

눈사람 애인 • 74
도라지꽃 • 75
등대 • 76
동백 • 77
눈 오는 날 시 쓰기 • 78
어설픈 가방끈 • 79
후회 • 80
번뇌 • 81
하소연 들어주는 일은 • 82
한파주의보 내린 밤 • 83
독도 • 84
다행 • 85
겨울 감나무 • 86
연 • 87
함박눈 • 88
동문들의 겨울 산행 • 89
토문재 • 90

해설 | 성찰과 그리움, 함축된 묵상의 언어 −김연화 시인의 시 세계
    김훈동 • 94
김연화 시집 발간에 | 김운기 • 117

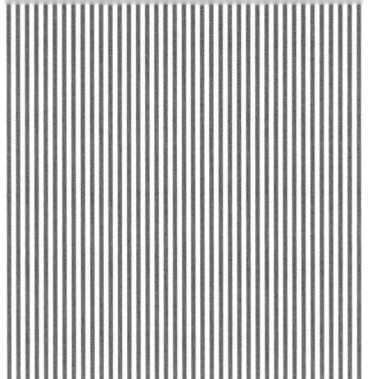

1부

2월

봄소식을 물으려던
그는 먼저
겨울에게 하직 인사를 한다
응달에 숨겨진
웨딩드레스 자락 닮은
잔설이 아직 남아 있는데
한 계절을 배웅하고
또 다른 계절을 마중하며
아지랑이 섞인 들판과
꽃들이 피어날 봄 언덕의
넓이를 재느라 분주하다

겹꽃 애기동백

잎만 보고 사 왔네
동백이지 싶어서
눈길 보낼 때마다 한 송이씩
함박웃음 터뜨리더니
아기처럼 금세 변해
뚝 뚝 뚝 지는 꽃잎들
내 눈은 아직 네게 머물고
너는 진정 내 맘 모르고

봄비

연못 위로 뛰어내리며
동그라미를 수없이
그려내는 것이
아직 꿈결인 연못물을
흔들어 깨우고
수련의 눈가에 묻은
늦잠을 털어낸 후
연꽃을 타악
터뜨리고 싶은 걸까
꿈에서도 꿈 아닌 듯
실눈을 뜨고
잎마다 황급히 켜는 꽃등

바느질

적적한 밤에
모아 두었던 작은 헝겊들을
이어 보았다
상보가 되거나 또 다른 덮개로
쓰일지 몰라서
한 땀 한 땀 정성껏 꿰매다가
실꾸리에 감긴 나의 허물과
내 유년의 시간을 만난다
지난날의 이야기들은
나를 불러 자꾸 어디로 가자는 것인가
빙판 위를 지나는 바람 소리 서럽고
흰 눈은 쌓이는데
무아의 저쪽 피안의 세계
한 번도 가보지 못한
멀고 먼 그곳을 상상하며
내 안팎의 상처와 구멍들을
깁고 있었다

연정

봄 꽃밭을
연분홍 복숭아밭 언덕을
휘파람 불며 오가던 그
고개를 숙이고
모른 체했던 것은
쳐다보지 않아도
꽃가루 같은 그의 마음을
알 수 있기 때문에
내 **뺨**은 발그레 물이 들어
멀리서 오는 그를
숨어서 보았다

그러기만 하다가

책장을 넘기다가
알게 된 마음의 허기
사람다운 일을 해 보고
싶다는 생각을 하다가
수원역 앞 무료 급식소
이야기를 듣고
가슴이 뜨거워져서
다짐을 하지만
지펴지지 않고
연기만 자욱했다가
한나절도 못 가서
식어 버리는 마음의 불씨
머뭇거리다가
속으로 화살기도만 올린다
하느님
이 세상에 굶주리는 사람들이
없게 해 주소서

벌초

뵌 지 오래되어
어머니께 갔었네
낫질을 할 줄 몰라
가위로 잔디 자르고
손으로 풀 뽑았네
무덤가에 고개 숙인
할미꽃 한 포기
커트하고 새치 뽑고
자줏빛 브로치를 꽂은
멋쟁이 어머니

달빛에 대하여

밤에도 환한
봄꽃을 올려다보다가
나처럼 가엾어 보이는
포름한 둥근달을
보고야 말았습니다
그는 내 손이 닿지 못하는
높은 나뭇가지 끝에
산다는 걸 알고 난 후로
이따금 서로 눈빛만 주고받으며
밀회를 합니다
살구꽃이 필 때
무논에 개구리들 소란할 때
별빛이 유난히 초롱댈 때
누군가에게 긴 편지를 쓰고 싶을 때
가로등 아래 홀로 서 있을 때
찬바람이 가슴을 때릴 때
나는 그가 보고 싶어집니다
오늘도 문득 생각이 났지만
엷은 가랑비 소리에
홀로 된 여자가 되고 말았습니다

회고주의자

큰길은
한 여름에 겨울 코트를
걸친 것만 같았고

분홍을 한 필 펼쳐놓은
꽃길은
내 길이 아닌 것만 같았고

어머니의 염려와 기도를
무거워 하며 걷던
그 길은

보도블록 틈새로
흰 냉이꽃
납작 엎드린 축축한 골목이거나

뙤약볕 아래
지렁이 말라붙은
흙먼지 뿌연 사잇길이었네

지금에서야 바라는 길은

청둥오리 산문처럼
몇 마리 떠있는 맑은 호숫가
산책길이거나

떠난 사람이 길 찾아
돌아오기 좋은
달빛 환한 밤길이기를

후회나 욕심은 아니라면서도
날마다 두어 치씩 줄어드는
길 위에서

늙은 비둘기처럼
꾸륵꾸륵 운다

안부의 빛깔

잘 지내고 계신 거죠
아픈 곳은 없으시고요
그립습니다 라는 인사는
제가 많이 쓸쓸합니다
무척 외롭습니다 라는 말이다
외로움에 베인 상처의 빛깔은
한 방울씩 똑똑 떨어져서
구멍을 내고야 마는 물의 색깔이다
허허로워서 흘리는
물을 닮은 눈물의 빛깔이다

민들레 꽃씨

실바람이 다정히 다가와서
낮은 목소리로 묻는다
갈 곳은 정했나요
이제 막 피기 시작한
콩꽃 위에 내려앉아 잠시 쉬었다
더 먼 곳으로 날아가
노란 꽃을 피울래요
날개가 없어도
날 수 있을 거라 생각했던 건
불어 온 당신 덕분이에요
양지바른 떡갈나무 아래 내려앉아
비바람도 폭염도
잘 견디며 살아 볼래요
동그란 얼굴에 하얗게 분칠하고
분주하게 길 떠나려는
바람이 이는 봄날 오후

솜이불

시집올 때 함께 온 이불 속에는
목화밭 한 떼기가 들어있고
산비탈을 오르내리시던
어머니의 가쁜 숨소리와
새참 바구니를 넘보던
고라니의 맑은 눈망울과
산새들의 수다가 들어있다
찔레꽃 무더기의 향기와
벌들의 윙윙거림도 들어있다
모난 데를 둥글게 깎아가며 살라고
만들어 주신
초록 깃이 달린 진분홍 본견 이불
햇살에 버무려 뽀송뽀송 말리면
아득한 날들의 기억이 걸어 나온다

마가목

환절기만 되면
마른기침을 하는 나를
그는 잊지 않고 있다가
택배를 보내왔다
오메 가시내
뭔 장작을 이렇게 많이 보냈다냐
잔소리 말고
꾸준히 끓여 마셔라
신약성경에 나오는
마가복음이 생각나서
친구의 우정을
기도하는 마음으로 끓여 마셨다

치우지 말걸

남긴 밥 생선뼈
찐 고구마 꼬투리 찌개 국물을
들고 가다가 쏟았다
빗자루를 가져오고
물을 떠 와서 뿌리고
깨끗이 치웠는데
떠돌이 흰 개 한 마리가 와서 배회한다
바짝 마르고 배가 홀쭉했다
치우지 말걸 그랬다
그는 담장 밑 그늘에 누워
흰구름을 보고 있다
하느님이 드시다 남긴
백설기 조각으로 생각을 하는지
오래 바라볼수록
배가 더 부를 거라고 믿는 건지
코를 벌름거리고 긴 혀로 입 주변을 핥으며
입맛을 다신다

녹차 빛 하늘물에
흰구름 찬밥덩이를 말아서
붉은 노을 김치 가닥을 얹어
배불리 먹는 꿈을 꾸렴
낡은 그릇에 흰둥이 밥을
다시 퍼 담는 가을 오후

수수꽃다리

비 그치자
꽃들이 피었습니다
산사의 저녁 종소리처럼
향기가 퍼집니다
나무 아래를 서성이다가
오후 할 일을 뒤로 미루고
긴 나무의자에 앉았습니다
그는 먼 이국에서 머물다
돌아온 까닭일까요
향수에 흠뻑 젖어 있네요
미스김꽃 라일락 리라꽃
낯선 이름으로 살면서
태어나고 자라던 이곳이 늘 눈에 밟혔겠지요
봄이 그에게 보낸 연서일까요
진한 향을 날리네요
나의 생이 다하고 난 뒤의 흔적들도
저 꽃만큼은 되어야 하지 않을까 생각해 봅니다
오월은 저만치 혼자서 걸어가고 있네요
너무 빠른 보폭으로

소금산의 이월

눈부신 햇살이
개울의 얼음장을 녹이고
나뭇가지 끝은
늦잠이 부끄러워
홍조를 얹었네
흔들리는
다리 중간쯤에 서니
산 아래서
따라온 아픔들이
소멸에 들고
바람결에 아련히
유년의 풍금 소리 들리네

MRI를 찍으며

타작마당에서 돌아가던 탈곡기 소리
젖은 머리 말리는 드라이기 소리
공사장에서 바윗돌 깨부수는 중장비 소리
소리들이 콩 튀듯이 각각 따로 논다
다 닳은 연골과 협착된 척추가
내 지난날과 나란히 찍히리라
지독한 통증과는
이쯤에서 작별하라며
요란스럽게 삑삑대는 저 젊은 기계는
잎을 하나둘 떨구기 시작하는
늦가을 나무 같은 내게
이것도 사진이니 웃으라 하네
내 육신에도 베링해의 물빛처럼 바람처럼
푸르고 싱그러운 날이 다시 올 수 있을까

영벽정

봄바람에 꽃잎 떨어져 푸른 물에 동동동
쏟아지는 햇빛 눈부신 강물이 고와라
물수제비 뜨고 놀던 보라색 추억
대숲에 이는 휘파람
연산에 삐비꽃 희게 피었네
물속 깊이 발을 묻은
늙은 나무 몇 그루 무슨 생각하는지
꽃길 지나온 바람결에 고개 숙이고
가슴에 묻어 둔 무지갯빛 그리움
지워지지 않은 오래된 환영들
그 자리에 내려놓고 처연히 돌아서니
내 마음 자락에 내리는 이슬
옛님의 정취 고고한 흔적
달빛 잠긴 이른 아침
영벽정 물안개가 자욱해 숨이 막히고
사랑의 여운이 아직 남아
상처가 아프더라

(영벽정은 전라남도 지방 문화재 67호)

거짓말을 하다

쥐눈이콩 같은
쉬파리가 빙빙빙 돌더니
두 마리가 겹쳐졌다
다섯 살 딸아이가 보고
엄마
파리도 동생을 업어주는 거야
그래
그러니까 너도
동생 업어주면서 잘 데리고 놀아
쥐눈이콩의 속내를
아직 알지 못하는 아이와
부끄러워 벌게진 귓불로 쓰는
젊은 엄마의 여름날 일기

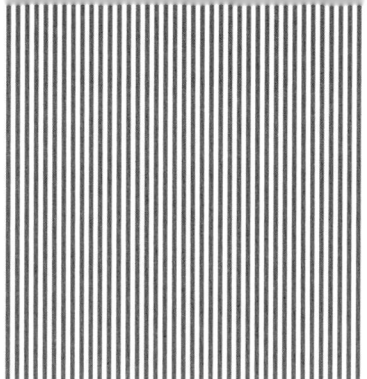

2부

복사꽃 피면

외지에 나갔다가도
꽃이 필 때쯤엔
집으로 돌아오곤 했지요
마을이 온통 분홍으로 물들면
벌들은 꽃가루 범벅이 되고
향기에 취한 나비가 비틀거리고
가족들의 손길은 바빠지고
수줍은 꽃들은 성냥개비 꼬투리 같은
아기 열매를 산란해 내느라
정신이 없던 때
달빛 아래 그림자를 데리고 나와
마음을 쉬던 곳
살다가 힘들어지면
돌아가고 싶어 가슴을 앓는데
잊을 만하면 봄이 오고
잊을 만하면 또 꽃이 피고

오월의 숲

깔깔대는 흰 이팝꽃
산벚꽃 진 자리에도
웃음소리 가득하다
먼 데서 바람 불어
풍경소리 울리면
아카시아꽃 그네 타며
향기 실어 나르고
나무 안에 둥지를 튼
딱따구리 동고비
참죽가지에 앉은 휘파람새 소리
빗방울이 씻어내지 않아도
세상의 오염된 것들쯤이야
숲의 향기로 지울 수 있어
오월의 숲에서는
꿈들이 피어난다

소나기

네가 온다는 소문은
추녀 끝에 매달린
소란스러운 풍경 소리
날것들의 푸드덕
날개 접는 소리
꽃들은 살포시 가슴 여미고
개미들 부지런히
오가기 정신없고
강아지도 꼬꼬닭도
마루 밑에 숨어들었다
휘몰아친 바람 따라
올라간 마른 솔잎이
비구름을 찔렀을까
세차게 쏟아지는 빗줄기

라일락

바람은 자는 듯한데
처마 끝 풍경이 흔들리며
적요를 깨는 것이
아마도 저 나무 때문은 아닐는지요
봄밤을 밝히는 달빛도
모른 척 견디기 어려워
겹겹 아스라이 술렁이는데
보랏빛 밥알을
수북이 매달고 서서
천수관음보다 더 많은 번뇌
잠시라도 잊으라고
울컥 향기를 토해 말을 걸어오는
요염한 저 수수꽃다리

앵두꽃

어머니 속을
긁는 일인 줄도 모르고
문 닫아걸고 자꾸 울었다
속이 풀리게 울어보려고
뒤란으로 돌아갔다가
달빛 아래
앵두꽃이 하도 환해서
우는 걸 잊어버리고
다시 들어와
내가 나에게 긴 편지를 썼다

이별

헤어지는 일이란
괜찮다고 하면서도
눈물이 많아지는 것이고
인생의 우체통에
긴 편지 한 통을 써넣는 일이다
슬픔과 그리움을 반반씩 섞어
상처 위에 덧칠을 해대는
젊은 날의 유화 한 점이다
헤어진다는 것은

회상

목화 심고 수수 심었던 그 밭은
묵정밭이 되다 못해
산이 되지는 않았는지
나뭇잎 덮인 옹달샘은
마르지 않고 여전히 흐르는지
푸드덕 날아올라
밭 매는 어머니를 깜짝 놀라게 하던
장끼 부부는 아직도 새끼를 치며 살고 있는지
비우고 또 비워 말개진
암자의 풍경소리는
가슴을 앓던 나를 다독여 주었는데
우물에서 막 길어 올린
샘물이 아니더라도
미숫가루 풀어 든든한
새참이 아니더라도
생수 한 병 사들고 다녀오리라
햇빛 따가운데 뭐 하러 왔느냐고
걱정해 주는 목소리
눈물 차오르는 그 음성을
그날은 들을 수 있겠지

양수리 연꽃

대궁이 유난히 긴
연꽃 송이 하나
물결에 흔들리며
오랜 잠을 자고 있는
버선 같은 나룻배를
유심히 보고 있네

저 배는 언제쯤
강 건너로 떠날까
약속만 남기고 떠난 연인이
노를 저으며 돌아오는 날은
언제일까
가녀린 여인 같은
백련 한 송이

솟대

높은 가지 끝에 앉아
더 높고 넓은 세상을
비행하는 꿈을 꾼다
새들도 구름도
하르르 나는 잠자리도
하늘을 자유로이 나는데
나도 날아보고 싶어
내 안의 무게를
조금씩 줄여 본다
너무 애쓰지 않았으면 해
대숲을 휘돌아 나온
바람이 다독인다
너는 땅속 깊이 발을 묻은
목각 수호신
가벼이 날 수 없어
물먹은 긴 장대 끝의 고독
촘촘히 박힌 못자국의 아픔을
바람은 알까
후회 같은 체념 한 자락
날지 못하는 나무새의 간절한 꿈

매미

길고 깜깜했던
땅속 생활이 억울했을까
날개가 없어 한 번도 날아보지 못한
굼벵이 시절이 원통했을까
모두들 한자리씩
꿰차는 그 자리에
제 이름 석자는 없었던지
허공을 향해 목놓아 운다
맺힌 한은 어쩌자고
저토록 한 생애를 끌고 가는 것일까
고요를 깨는 소리가 성가신지
바람이 지나고
늦여름 느티나무 한 그루
잎을 흔드네

봄 스케치

겹겹이 포개진 산
겨우내 꼭 다물고 있던 입술에
연분홍 립스틱을 발랐네
오래된 슬레이트 지붕
흙벽에 걸린 마른 시래기 몇 두름
한 뼘쯤 자란 텃밭의 마늘
병아리 물고 가다 혼나는 강아지
거기까진 그릴 수 있어
꽃향기 봄의 온도
새소리 물소리 경운기소리
때마침 차오르는 향수는
무슨 색으로 그려야 하나
연둣빛 섞인 봄날에

느티나무

하늘 가까이 사는 그는
하느님과 어떤 대화를 나누었길래
매미들이 여름 내내 오케스트라를 연주하게 할까
고요한 밤에 그는
달님과 무슨 비밀이 있었길래
잔가지를 저렇게 많이 늘이어
새들을 깃들게 하고 새끼를 쳐서
이소하는 걸 낙으로 삼는 걸까
나 적적한 밤에는 그림자를 데리고 나와
별빛 아래 책을 읽어도 좋겠고
누군가의 하모니카 소리를 밤새 들어도 좋으리
혼탁해진 마음을
손 닿는 가지 끝에 걸어두어 뽀송이 말려도 좋겠네
울울창창 잎사귀에
술빵 같은 구름들이 앉았다 가고
태양빛에 달궈진 잎들이
가을을 몰래 물들여놓고
입추를 기다리며 써 놓은 편지
바람이 한 장씩 넘기고 가네

선풍기를 닦으며

아니라고
흔들지만 말고
맞다고 긍정으로
끄덕여도 보면 어때
반대로 돌아가
엉킨 감정들을 풀어내고
지난날의 실수를 반성하면
차가운 가슴에서
따뜻한 바람이 불지 않을까

섬

낙조는 얼마나 외로웠으면
눈자위가 저렇게 붉게 울었을까
지나가는 쪽배 한 척
위태롭게 기울지는 않는지
내가 더 위태로워 보여서
조난 신호를 보내고 간 건지
물새 한 마리 날아와 앉았다가 가던 길을 간다
서로를 바라보면서도
손 닿을 수 없어 애처로운
바다와 노을과 수평선
모스부호를 외치는
절해고도의 너

살구나무 아래서

봄이면 뽀오얀 꽃을
한 열흘씩 무겁게 이고 있다가
털어 내버리면
비파처럼 생긴 노란 열매가
잔가지 휘어지도록 매달리고
차라리 꽃을 이고 있을 걸 하고
나무는 후회를 하는 눈치였고
나는 하루에도 몇 번씩
나무 밑을 서성이곤 했었다
종소리가 날 것 같이 맑은 날
아파트 화단에
잘 익은 살구들이 뒹구는 날
눈을 감고 서 있으면
파꽃이 피었다 지고
분꽃이 열렸다 닫히고
가슴에 박힌 옹이 하나가
빠져나가는 봄날 오후

수녀원에서

수녀원 앞마당을 지나가다가
햇볕 화사할 때 핀 채송화처럼
예쁜 수녀님 한 분
하얗게 빤 빨래를 고개 살짝 외면하고
탁탁 털어 넙니다
기도하는 모습처럼 싱그러워서
멈춰 서서 한참을 보았습니다
그의 기도 닿는 곳에
웃음꽃이 피어나기를 바랐습니다
널어둔 빨래 사이로
흰구름이 지나갔습니다

네잎클로버

엉덩이에 풀물이 들고
매어 둔 염소가
집에 가자고 울고
빗방울이 툭툭
떨어질 때까지 찾고 있었어
너에게서는
파란 하늘 냄새가 나고
맑은 세상이 보였어
헤픈 바람에 휩쓸리지 않고
색깔이나 향기에 눈멀지 않고
성급히 피었다 져 버리지 않는
너를 찾는 그 시간
내 마음은 피정에 든다

이팝꽃

참 희게도 피었다 싶어서
한참을 서 있었다
그가 슬그머니 말을 걸어온다
쌀독 긁히는 소리가 난 지 오래구나
녹두고물 묻은 옆 가지는 두었다
어머니 기일에 떡으로 쓰고
고봉으로 달린 밥그릇 송이는
늘 허기진 아버지를 위해
아랫목에 묻어두지 그러니
칭얼대던 어린 동생도 내일은 좋아하겠지
어디에 숨었는지 소리만 들리고
내 눈자위는 노을처럼 붉어진다
그 나무 아래 서면

짝사랑

아무도 모르게
가슴속에 꽃등을 켠다

3부

풍경

푸른 바다를 유유히 헤엄치다
물 위로 솟구쳐 올라
다시 물속으로 유영하는
꿈을 꾼다

포말의 함성 파도의 비명
함께 놀던 물고기 떼
펼쳐진 하늘이
바닷속이라면

물속을 동경하면서도
처마 끝 철사줄에 매달려
뎅그렁 뎅그렁

바람이 지나며 묻는 안부에
고개 끄덕이며
간절한 기도를 드리는
허공에 매달린 물고기 한 마리

내 생일날엔

거칠고 메마른 손
나는 몰랐습니다
그토록 많이 편찮으시다는 걸
반으로 구부려 포대종이에 싸고
지푸라기로 묶은
간갈치 네댓 마리
귀 달린 미역 한 가닥
빨간색 운동화 한 켤레
자전거 짐받이에 싣고 오시면
눈썹달이 살며시 마중 나오던 때

내 나이 반백이 지나
일몰의 언덕에 서 있지만
아버지의 자전거 소리는
아직도 두근거림으로 남아서
버들강아지 실눈을 뜨는 이맘때쯤
아버지는 자전거를 타고
아홉 살 내 마음속을
해마다 다녀가십니다

지인

지나온 사연을 듣고
마음이 열려서
함께 울어줄 사람
같이 기뻐해 줄 사람
그 사람일 것이다
늦가을 숲 속의 마른 낙엽처럼
바스락대며 깔깔대고
비 오기 전 마파람에 떠밀리는
파도 같은 수다로
살짝 말실수를 해도 꼭 꼬집지 않아
편안한 그런 사람일 것이다

채송화

마침표를 닮았고
모래알 같기도 한 작은 점들이
어디에 그토록 고운 색을
머금고 있다가
내리쬐는 햇살과 눈이 맞아서
색색이 고운
홑치마만 두르고 앉아
오가는 이의 눈길이 부끄러워
홍조를 띠었네

안개꽃

봉평 들녘에 흐드러진
메밀꽃을 닮았고
꽃이기를 작파한
덤불 속 개망초 같기도 하고
비 갠 아침 산에 승무를 추며
피어오르는 운무 그와 동명인 꽃
색깔을 나르던 신의 실수로
하얗게 피어나서
다른 꽃들을 위해
자신은 반만 내보이는 미덕의 꽃
튀지 않는다고
곱지 않은 것이 아니잖는가
저물 무렵 산사의 종소리처럼
은은하고 겸손하게
꽃의 수위를 높여가기를

단풍

내가 속을 다 아는데
여름날 푸르죽죽한
제 모습을 감추고
언제 그랬냐는 듯이
곱게 물들어간다
산과 허공의 경계를
불타오르게 하고
구름 몇 점 묻은 하늘까지
붉게 물들이는 잎이여
너는 진정 가을이었다

빗소리

저 작곡가가
물 고인 장독대 위로
동그라미를 그리며
뛰어내리는 소리는
흐렸던 하늘이
맑은 물에 자신을
들여다보려는 소리
울퉁불퉁한 세상을
한 바퀴 돌아서
인생을 되새김질하는 소리
잠결에 듣는 저 소리는
몰려오는 무정한 것들과
적막함을 모른 체 외면하며
의연하게 살아보려고
너스레를 떠는 소리

그 미안함에 대하여

밤새 울며
가을을 산란해 내던 게 너였구나
풀잎 있는 데로 가거라
베란다에 들어온 풀벌레 한 마리
창밖으로 날려 보냈는데
어쩌나
고무장갑 낀 손바닥에
남아 있는 그의 다리 한 개

시인

시냇가의 조약돌을
빛나는 보석으로
다듬는 그대
닮고 싶어 귀 기울이는
아픈 내 달팽이관엔
별빛 부서지는 소리만
들리더라

이별

다시 만날 수 없다는 건
참 슬픈 일이다
너는 떠나야 하고
나는 잡을 수 없어서
텅 빈 수숫대처럼
가슴은 낯선 바람으로
채워졌고
포장되지 않아
깨지기 쉬운 마음이
높은 곳에서 추락하고 있었다

빈집

어지럽게
머리를 풀어헤친 쇠뜨기풀
헛간으로 가는 길목에
맨드라미 저 혼자
핏빛으로 피었고
대문간에는 편지 한 통이
허리를 구부리고 누워 있다
푸성귀들이 심어졌었고
토란잎이 물방울을 굴리던 자리
감나무에 빨랫줄은
아직 매어져 늘어졌고
토방에 엎어진 복실이 밥그릇
마당을 지나는 바람 소리 여전한데
깨진 장독 고인 물에
흰구름만 정처 없이 떠다니네

늦가을 비

잠결에
그가 오는 소리를 들었다
막차를 타고 온 사람처럼
창문을 두드리고 있었지만
나는 빗장을 열지 않았고
불도 켜지 않은 채로
그의 숭숭한 허물을 들여다보고 있었다
그는 옛 연인의 기타 소리와 유장한 지난날과
가슴을 붉게 앓다 져 버린
낙엽의 비애를 데리고 온다
그가 다녀가고 나면 무서리도 내릴 테고
흰 눈발도 들이치겠지
가을밤이 얼마나 마음을 슬프게 하는 건지
그는 알고 있는 듯
밤새 흐느끼고 있었다

허수아비에게

부릅뜬 두 눈이 화가 나 보이기도 하고
우습기도 하네요
구멍 난 옷으로 상처를 감추고 삐딱하게 서서
무슨 생각을 하나요
당신, 동구 밖의 느티나무처럼 울창해서
누군가의 그늘이 되는 큰 나무가 되고 싶었군요
달려 나갈 들판과 큰 나무가 있는 언덕
어디쯤엔가 오고 있을 또 다른 새 떼를 기다리고 있나요
겸손하고 부드러운 문장들을 주머니에 가득 채워보려고
혼자서 걷는 가을 들길에는 바람이 살살 불어서
나뭇잎 몇 장 떨어지는데
꼭 내게 온
편지 같다는 생각을 하네요

코스모스 축제

가을은 알고 있었던 걸까
점령군 같았던
폭염을 향해 저항하다가
더러는 핏빛이 된 채로
가느다란 긴 팔을 하늘로 뻗어
만세를 부르며 춤추고 있는 그녀들의 모습을
바람 저편의 또 다른 세상에서는
나비들의 축제가 끝난 뒤였을까
여린 날개들이 흰 눈처럼
저 넓고 긴 강둑에 내려앉은 것을
가을이 꽃대를 키워 올려 바람에 일렁이게 하고
서리가 내릴 때까지
꽃멀미가 날 때까지
보고 있으려고 했나 보다
코스모스로 피어난다는 것은
애잔한 한 여자가
너머를 보고 싶어서
눈 뜨고 꾸는 꿈
같은 것인지도 모르겠네

불면

심장 고동치는 소리가
침실벽에 걸렸다
달팽이관을 지나는 레일 소리
어느 행성의 궤도를
돌고 도는 걸까
이탈을 하려다가
베란다 유리벽에 부딪히더니
째깍거리는 감옥 속으로
숨어들었다

김장 배추

찬서리에 행여 춥지는 않을까
감싸고 보듬고
얼마나 애썼으면
이파리 가장자리가 누렇게 변했을까
무쇠 칼에 베어지고
소금에 절여지던 날
속 깊은 곳까지 쓰리고 아팠으리라
양념에 버무려져
정신까지 혼미해졌으리라
때로는 거센 바람과 폭우도
좋은 기억으로 다가왔겠지
이제 나는 푸른 배춧잎이 아니야
숨이 죽어 제대로 서 있을 수 없어
감싸고 보듬었던 속잎들에게 속삭인다
김치통 뚜껑이 덮인 거 같아
누런 겉잎이기보다는
아삭이는 꿈을 꾸며 깊은 발효를 하자

추억

달팽이관을 지나
머리에서 심장까지
네가 내게 달려오는 시간은
얼마나 될까
너를 잊고 살려면
얼마나 많은 날들이 더 필요할지
긴 겨울밤
홀로 있을 때나 적막할 때
묵은 그리움으로 가슴을 앓을 때
내 머릿속을 다녀간 게
또 너였구나
지금은 잊힌 이름 하나가
숨 가쁘게 허공을 건너와
내 곁에 나란히 누웠고
그대는 너무 자주 나를 찾아오네

운무가 피는 산

밤새 비 내린
저 산에서는
푸른 솥뚜껑을 덮어 놓고 무얼 삶을까
빈 그릇을 들고 가면 담아 올 게 있을까
머리에 흰 수건을 두른 어머니가
부지깽이를 들고 걸어 나오실 것만 같은
뿌연 연기 속
저 산허리 어디쯤에는
어깨의 짐을 내려놓고 편히 쉴 수 있는
선계의 주막이 있어서
이른 아침부터 큰 국솥에
불을 지피는 건지도 모를 일이다
운무가 피어나는
이른 아침 저 산은

이소

어디로 가는가
누가 먼저 떠나야 하는가
언제 다시 만날 수는 있는가
또박또박 다짐을 하듯 새들이 운다
귀 떨어진 인연이
명치끝을 때린다 해도
겨자잎 같은 알싸함이
목울대를 오르내린다 해도
마땅한 삶이 쉬 보이지 않는다 해도
저녁이 오는 어느 가파른 기슭에서
홀로 울지 않기를
늦봄의 이별이 아프지 않기를
바람처럼 정처 없어
나뭇가지에서 새들이 운다

4부

눈사람 애인

문밖에
하얀 옷을 입은 청년이 서 있습니다
누구를 기다리는 것일까요
외출에서 돌아온 그녀는
그를 본체만체
집으로 들어가 버렸습니다
안쓰러운 해님이
어깨를 다독여 주었는데
부끄러운 그는 그만
흠뻑 울고 말았네요
그 아가씨는 언제쯤
청년의 마음을 알아줄까요
그가 서 있던 자리에도
봄볕이 들면
민들레 싹이 돋아나
노랗고 하얗게 꽃등을 켜고
서 있겠지요

도라지꽃

어머니 가꾸시던 고향집 산밭에는
별들이 내려와
보랏빛 등을 켜고 살았네
고개를 숙이고
입을 오므리면
맑은 종소리가 날 것 같고
사미니의 낭랑한
독경 소리가 들어 있을 것 같은 그 꽃
은은하게 들리는 소리
눈 감으면 짙어져 오는 꽃빛

등대

먼바다로 나가서
표표히 떠다니며
한없는 자유를 누려보자고
넘실대던 파도의 유혹에
흔들린 적은 없었을까
혹독한 겨울바람은
사랑이 지나간 자리처럼
아프지는 않았을까
이승의 끝 낭떠러지 같은
수평선을 바라보며
멀리서 오는 배를 기다리는
하늘에 걸린 등불 하나

동백

뿌리 곁에
선홍빛 물감을
꾹꾹 묻어두었던 걸까
어머니의 가슴처럼
혼자만 아는
슬픔이라도 있는 건지
꽃잎은 저리도 핏빛이구나

눈 오는 날 시 쓰기

수천만 마리의 흰나비 떼
온통 하얀 세상이다
시는 정신을 담는 그릇이라는
산속 오두막 노 시인의 말이
꼬리에 꼬리를 문다
사색할 때나 홀로 있을 때
너를 찾지만 그때마다 너는 왜
멀리 있고 아득하기만 할까
발맘발맘 걸어서 만나야 할 너
달팽이 걸음으로라도
언젠가 가닿을
네가 있는 세상을 꿈꾸는데
만개해서 허공에 날리는
송이눈이 되어
오늘 내게로 왔다

어설픈 가방끈

저 사람이 으스대는 긴 가방끈
그 끝에 매달린 싸구려 낡은 가방
늦은 나이에 어렵게 장만해서 뿌듯했겠지
그가 메고 다닌 가방 안에는
어떤 책이 들어 있었고
그 책 속에는 도대체 뭐라고 쓰여 있었길래
위아래도 모르고 기고만장
걸핏하면 상대를 아래로 내려다보는 걸까
가늘고 허술해서 눈만 흘겨도
툭 끊어질 것 같은
낡고 오염된 저 긴 가방끈
끈 없는 내 무명 보자기에
행여 때가 탈까 봐
흐르는 달빛에 씻어 말리는 저녁

후회

그때
왜 욕심을 부리지 못하고
뒤로 미뤘을까
괜찮아 기죽지 마
마파람 세게 불어
나뭇잎 바람에 날리고
빗줄기 허공에 선을 긋는데
야무졌던 내 꿈들이
투덜대며 지나가네

번뇌

마음 둘 곳 없어
하늘을 올려다보고
꽃들도 들여다보고
나 자신을 아주 잃어버리지는 않았는지
생각도 해 보고
마음을 잠시 쉬기로 합니다
벌레 먹은 나뭇잎은 상처를 치유하고
자국마다 가을색으로 채워 곱기만 한데
아픈 마음은 쉽게 아물 기미가 안 보입니다
나를 떠나버린 행운에 대해서도
관대해지기로 했습니다
얼마쯤은 더 살아야 하는 삶에 대해서도
골몰해지기로 했고요
패배감을 내동댕이쳐 버리는 게
현명함이라면 그렇게 하기로 했습니다
깊은 물은 소리가 없다는데
머릿속 얕은 물은 소란하기만 합니다
세상사 아픔에 초연해지기를
갖가지 애증에 눈 감고 살기를
누군가의 뒤안길에
그리운 사람이기를

하소연 들어주는 일은

날 어두워져 무서운데
엄마 오실 때까지
곁에 있어 주는 일
배고플 때
삶은 고구마 한 개를
반쪽씩 나눠 먹는 일
꾸벅거리는 고개
기댈 어깨를
살며시 내어 주는 일
피 비친 상처에
반창고 한 줄
살며시 붙여 주는 일

한파주의보 내린 밤

창밖에 바람 소리
눈보라는 어디서부터
저렇게 울고 왔을까
잠 못 드는 이의 창문에 부딪혀
지나온 사연을 이야기하자고 하네
초원 위에 세어 놓은
양들은 수없이 많고
새벽은 다가오는데
무슨 말을 어떻게 했는지
전신주마저 서럽게 울고 있네
어둠을 가르는 도로 위의 불빛들은
빙판을 지나 어디쯤에서
곤히 잠드는지
깨지기 쉬운 살얼음판 같은 내게
가슴속에 잉걸불 화로 하나
간직하고 살라고
눈발 속에 먼 데서 편지라도
와 주었으면 좋을 밤

독도

깊고 푸른 물
폐부를 훑고 지나는
시원한 바람
툭 쪼개면 우리의 뚝심이
튀어나올 바위들
풀과 나무 흙
산 위의 황장목
가지 하나 꺾으면
한국인의 피가
뚝뚝 떨어질 것 같고
태극기와 괭이갈매기
아름다움과 자유 평화
고깃배 몇 척 노닐고
윤슬 반짝이던 바다는
누군가의 억지에
성난 파도 소리 거세고
분노에 젖은 달은
흰옷을 차려입고 비추네

다행

포기의 끝자락 벼랑 끝에서
반짝 섬광으로 비치고
여행 끝에 지친 다리를 쉬게 하는
큰 나무 그늘 같으면서
나팔꽃 위를 지나오는
아침 햇살 같기도 하고
폭설을 뚫고
가쁜 숨을 몰아쉬며 달려와 준
집으로 가는 기차 같은 언어

겨울 감나무

모과 빛 장지문에 비친
겨울나무는
배려라는 화두를 들고
동안거에 들었나 보다
헐벗었는데도
그녀가 아름다운 이유는
눈보라 속에서
붉은 까치밥 몇 개 매달고
폭설이 내리는 날
시린 날갯짓으로
눈사래 치며 내려앉을
새들을 기다리기 때문
그녀가 이고 서 있는 하늘
함박눈 소리 없이 내리고
문풍지에 난 구멍으로
내다보는 엄동의 아침

연

너처럼 높이 올라가고 싶었고
훨훨 자유로이 날고도 싶었어
세월의 색깔들이
수없이 바뀐 뒤 자세히 보니
가오리도 방패도 모두
가느다란 줄로 묶여 있었네
끈의 길이만큼 밖에
날 수 없다는 걸 깨닫고
시선을 맞추는
젖은 눈망울의 강아지 목줄을
살며시 풀어 주었다

함박눈

세 살 손자가 아장아장 걸어 나가
하늘을 보고 손뼉을 치며 웃는다
처음 보는 눈이 신기했으리라
할머니, 여기 온통 찹쌀가루예요
얼른 퍼다가 호박고지 켜켜이 넣고
시루떡을 안치셔요
냉동실에 넣었다가
동짓날 쟁반 위에 새알심을 만들어
팥죽도 끓이셔요 그랬으려나
아가야 너의 맑은 눈으로 보이는 건
온통 즐거운 일들뿐이구나
나의 탁한 눈으로 보는 저 흰 눈은
오염된 것들을
그냥 두고 볼 수 없어서
잠시라도 순백으로 덮으려는
신의 섭리가 아닐까 생각한다
세상의 소리가 들리지 않는
은둔 수도원의 기도를 들으시고
깨끗하고 하얗게 만드시려나 보다

동문들의 겨울 산행

앙상한 가지 끝 여린 그리움
소복이 내린 하얀 꽃가루
눈이 부시게 아름답구나
희망의 여지 남겨두고
길섶에 바닥에 내려앉겠지
펄펄 나리는 눈꽃 세상
훨훨 추는 춤사위 속에
추억을 꼬아 인연을 짜는
동문들의 겨울 산행
마음 언저리에 돌고 돌던
따뜻한 언어와 인정들
풀린 실타래 되어 웃고 떠들고
눈 그친 창밖 해 드는 한편에
파아란 하늘이 앉아 쉬고 있네

토문재

그곳은 땅끝이니
대문 밖은 바다겠네
구들장에 귀를 대고 누우면
시도 때도 없이 들릴 파도 소리

바람이 지날 때마다
바다는 쿨럭쿨럭 기침을 하고
배들이 흔들리면 멀미가 나서
시어들을 마구 토해 내겠지

마당으로 들어서면
이번 생은 꽝이었어
투덜대던 일을 까맣게 잊어버리고
찬란한 다음 생을 꿈꾸게 하네

빗자루를 타고 날아가서
선계로 들어가는 이야기 속의 마을
그중 한 칸의 기와집 아닐까 착각하며
눈을 감으니

귓전에 들리는 풍경 소리
도솔암 바위틈을 지나온 바람이
마루에 앉았다 간 걸까

이만큼이면 되었지 싶네
행복하기에
이만큼이면 충분하지 싶네
시 쓰기에

해설

김훈동 시인·칼럼니스트

• 해설

성찰과 그리움, 함축된 묵상의 언어
-김연화 시인의 시 세계

김훈동(시인·칼럼니스트)

"시는 앎이고 구원이며 숨이다. 근육운동이며 반전反轉이자 음악이며 상징이다." 노벨문학상을 수상한 멕시코 시인 옥타비오 빠스Octavio Paz가 시를 정의한 말이다. 시는 막연하다. 그래도 시 쓰기를 게을리하지 않는다. 『좋은 문학』으로 2013년 등림登林한 김연화 시인은 첫 시집 『그리운 고향』 이후 두 번째 시집 『다섯 번째 계절』을 상재한다. 시를 쓰면서 봄, 여름, 가을, 겨울이 지나 다섯 번째로 시가 흐르는 새로운 계절을 만났다는 뜻이다. 시는 그의 삶을 든든히 묶어맬 버팀목이 되었기 때문이다. 오랜 시간 시인이 되고 싶다는 꿈을 키워왔다. 험난한 세상을 시와 함께 산다는 것은 축복이다. 시 쓰는 시간은 혼자서 묻고 생각하고 답하는 시간이다. 자신의 창의적 능력을 발휘하고 싶은 욕망이 이 시집 곳곳에서 만날 수 있다.

길지 않은 행간行間 속에 잔잔한 호소력과 생동감 있는 묘사로 그려낸 언어들이 있다. 김연화 시인은 『수원문학』을 통해 진솔함이 드러나는 작품 활동을 꾸준히 해왔다. 그간 전국예술제 문학 부문 대상, 한국문학상 등을 수상하고 현재

수원문인협회 시분과장을 맡아 시 창작을 열정적으로 이끌고 있다. 김연화 시인의 시는 자연과 사람을 아름답게 바라보는 마음이 들어있다. 시를 쓰는 일이야말로 겸허하고 진솔해야 한다. 그래서 시를 짓는 시인은 아름답다. 김연화 시인은 기교와 멋을 부리지 않는다. 그의 시는 사소한 것, 가까이 있는 것, 친근한 것에 대한 미적 향수자享受者라는 느낌이 들 정도로 가깝게 다가온다. 사물을 노래하는 김연화 시인은 순수하고 진지하고 아름답고 거짓이 없다. 시인의 향기는 남다르다. 마치 한 잎의 시가 뜨면 찻잔 향이 넘치듯이 말이다.

"시란 힘찬 감정의 발로이며 고요로움 속에서 회상되는 정서에 그 기원을 둔다."라고 영국 시인 윌리엄 워즈워스W. Wordsworth는 말했다. 당나라 시인 백거이白居易는 "정情을 뿌리로 하고 말을 싹으로 하며 소리를 꽃으로 하고 뜻을 열매로 한다."라며 생명이 있는 자연에 비유하여 시어와 음률의 결합을 중요시했다. 시는 마음속에 있는 다양한 정서적 요소를 재료로 하여 하나의 독립된 세계를 창조하는 것이다.

시인은 누구인가? 영어 poetry는 '행하여 만들다'라는 뜻의 희랍어 poiesis에서 나온 말이다. 여기서 파생한 시인poet은 만드는 사람 즉 창조자라는 뜻으로 쓰이고 있다. 조물주를 제1의 창조자라고 한다면 창조된 사물에 이름을 붙여 의미를 주는 사람인 시인은 또 다른 창조자가 된다. 시인은 사물에 이름을 붙여 생명을 새롭게 해주는 또 다른 신이 되는 셈이다. 언어를 붙잡고 그로부터 새롭게 퍼 올려 진리를 발

● 해설

견하려는 자이다. 일상의 언어가 강력한 울림이 되는 시 한 편은 인간의 삶이 가장 경이로운 모습으로 함축되어 있다. 김연화 시인은 '언어의 새로움'과 '안목의 새로움'으로 시에 생명을 불어넣고 있다. 비유와 상징을 통해 낯설게 표현함으로써 언어의 새로움을 보여준다. 또한 보이지 않는 내면의 탐구를 통해 사물을 보는 안목의 새로움으로 나름의 시 세계를 보여주고 있다. 먼저 「바느질」이라는 시를 보자.

> 적적한 밤에
> 모아 두었던 작은 헝겊들을
> 이어 보았다
> 상보가 되거나 또 다른 덮개로
> 쓰일지 몰라서
> 한 땀 한 땀 정성껏 꿰매다가
> 실꾸리에 감긴 나의 허물과
> 내 유년의 시간을 만난다
> 지난날의 이야기들은
> 나를 불러 자꾸 어디로 가자는 것인가
> 빙판 위를 지나는 바람 소리 서럽고
> 흰 눈은 쌓이는데
> 무아의 저쪽 피안의 세계
> 한 번도 가보지 못한 멀고 먼
> 그곳을 상상하며
> 내 안팎의 상처와 구멍들을

	깁고 있었다
>   -「바느질」 전문

  바느질은 조각난 헝겊을 꿰맬 수 있는 도구다. 전통적으로 바느질은 여인들의 삶과 관계가 있다. 조각난 사물들을 잇는 결합성과 자수刺繡가 암시하듯 일상적 삶의 고통을 미美로 승화시키는 여인의 삶을 상징한다. '실꾸리에 감긴 나의 허물과/내 유년의 시간을 만난다/지난날의 이야기들은/나를 불러 자꾸 어디로 가자는 것인가' 인력의 한계를 초월하는 아름다움과 신기함을 잘 표현한 작품이다. '무아의 저쪽 피안의 세계/한 번도 가보지 못한 멀고 먼/그곳을 상상하며/내 안팎의 상처와 구멍들을/깁고 있었다'라며 화자는 섬세한 미의식을 환기喚起시킨다. 바느질은 두 동강이가 난 것을 하나로 합치게 하는 작업이다. 한 땀 한 땀 공백을 메워가며 바느질과 친밀하게 지내 온 시간들, 적적한 밤에 바늘로 꿰매고 접고 가위질하는 침선針線모습이 그려진다. 여운이 길고 섬세하고 애절한 심상 풍경을 그려 독자의 가슴을 파도치게 한다.

> 시집올 때 함께 온 이불 속에는
> 목화밭 한 뙈기가 들어있고
> 산비탈을 오르내리시던
> 어머니의 가쁜 숨소리와
> 세상 바구니를 넘보던

● 해설

    고라니의 맑은 눈망울과
    산새들의 수다가 들어있다
    찔레꽃 무더기의 향기와
    벌들의 윙윙거림도 들어있다
    모난 데를 둥글게 깎아가며 살라고
    만들어 주신
    초록 깃이 달린 진분홍 본견 이불
    햇살에 버무려 뽀송뽀송 말리면
    아득한 날들의 기억이 걸어 나온다

                                     -「솜이불」 전문

  굴레처럼 덧씌워진 세월이 「솜이불」에 차곡차곡 쌓여 있다. 시에서 보듯 솜이불을 기억력에 의존하고 있다. 즉 '시집 올 때-이불-목화밭 한 뙈기-어머니의 가쁜 숨소리'라는 공간적 배경에 이어 '고라니-산새-벌'이라는 서사 구조가 얽혀 모정慕情을 드러낸다. 이는 상상력의 세계만 창조의 세계가 아니라 기억력이 상상력을 압도하고 있음을 보여준다. 사실적 묘사가 두드러져서 상상력을 압도하고 전체 시상詩想을 잘 얽어 놓고 있다. '모난 데를 둥글게 깎아가며 살아라'라는 시상을 화자가 의도한 대로 심적 이미지와 정신적 이미지로까지 연결 지어 솜이불에 담긴 주제를 잘 드러낸다. '초록 깃이 달린 진분홍 본견 이불/햇살에 버무려 뽀송뽀송 말리면/아득한 날들의 기억이 걸어 나온다' 범상치 않은 그림 한 폭을 보여준다. 이처럼 시는 언어로 그리는 그림이고 언어로 연주하는 음악이며 언어로 피워내는 꽃이다. 솜이불을 통해 삶의 본원적인 의미를 캐내는 통찰의 심안心眼을 지닌 듯 느껴진다.

> 참 희게도 피었다 싶어서
> 한참을 서 있었다
> 그가 슬그머니 말을 걸어온다
> 쌀독 긁히는 소리가 난 지 오래구나
> 녹두고물 묻은 옆 가지는 두었다
> 어머니 기일에 떡으로 쓰고
> 고봉으로 달린 밥그릇 송이는
> 늘 허기진 아버지를 위해
> 아랫목에 묻어두지 그러니
> 칭얼대던 어린 동생도 내일은 좋아하겠지
> 어디에 숨었는지 소리만 들리고
> 내 눈자위는 노을처럼 붉어진다
> 그 나무 아래 서면
>
> ―「이팝꽃」 전문

위의 시 「이팝꽃」에는 '쌀독 긁히는 소리가 난 지 오래구나' 라고 가난의 한스러움이 함뿍 배어있다. '늘 허기진 아버지를 위해/아랫목에 묻어두지 그러니'에서는 설움을 더 한다. 자칫 감상적이고 낭만성으로 흐를 듯한 감정의 절제를 '칭얼대던 어린 동생도 내일은 좋아하겠지'라며 잘 극복한 시이다.

● 해설

  시 한 편을 쓰기 위해서는 얼마나 많은 것을 보고 듣고 느끼고 상상해야 하는지를 알게 한다. 미묘하고 다양한 심리적 작용을 통해 소재를 잘 살려내고 있어 시적 정서를 만끽하게 한다. 내용이 과장되거나 허풍으로 들리지 않는 것도 이 시의 장점이 될 듯하다. 이팝나무 아래만 서면 노을처럼 눈자위가 붉어지는 화자에서 이성이나 감정적 무의식을 저장하거나 끌어낸다. 시 한 편에 담긴 '녹두고물 묻은 옆 가지는 두었다/어머니 기일에 떡으로 쓰고'라는 시적 발심發心이 공감의 폭을 넓고 깊게 느껴지게 한다.

> 잘 지내고 계신 거죠
> 아픈 곳은 없으시고요
> 그립습니다 라는 인사는
> 제가 많이 쓸쓸합니다
> 무척 외롭습니다 라는 말이다
> 외로움에 베인 상처의 빛깔은
> 한 방울씩 똑똑 떨어져서
> 구멍을 내고야 마는 물의 색깔이다
> 허허로워서 흘리는
> 물을 닮은 눈물의 빛깔이다
>   -「안부의 빛깔」 전문

  '그립습니다 라는 인사는/제가 많이 쓸쓸합니다/무척 외롭습니다 라는 말이다'라는 행간 속에서 화자는 심연深淵을 잠

재우고 심연에게 자장가를 불러준다. 시를 쓴다는 것은 심연을 열어젖히는 행위인 동시에 심연을 메우는 행위이기도 하다. 상상력의 운동성이 빛난다. 지적 상상력에 의해 빚어진 언어의 힘이다. 인생은 외롭다. 그 외로움은 누구에게나 공통된 진실이다. 자신의 삶을 살아 내야 하는 책임은 타인에게 넘길 수 없다. 자신의 무게를 지고 열심히 가야 한다. 누군가에게 안부를 묻는다는 것은 상대방에 대한 관심이고 사랑이다. 아픈 곳이 없느냐고 묻는 것은 건강하길 비는 마음이 담겨 있다. 매일같이 해왔던 일상의 연속에서 사람들에게 안부를 묻는다. 관습처럼 던지는 안부일 수도 있다. 하지만 화자는 상대방을 그리며 외로움을 '한 방울씩 똑똑 떨어져서/구멍을 내고야 마는 물의 색깔이다'라고 읊고 있다. '허허로워서 흘리는/물을 닮은 눈물의 빛깔이다'라며 외로움이 이토록 아프고 처절하다는 걸 형상화했다. 서로의 외로움을 채워준다. 안부를 통해 소통하며 외로움에서 벗어나는 길이기도 하다. 외로움의 근원은 고요다.

> 높은 가지 끝에 앉아
> 더 높고 넓은 세상을
> 비행하는 꿈을 꾼다
> 새들도 구름도
> 하르르 나는 잠자리도
> 하늘을 자유로이 나는데
> 나도 날아보고 싶어

● 해설

>   내 안의 무게를
>   조금씩 줄여 본다
>   너무 애쓰지 않았으면 해
>   대숲을 휘돌아 나온
>   바람이 다독인다
>   너는 땅속 깊이 발을 묻은
>   목각 수호신
>   가벼이 날 수 없어
>   물먹은 긴 장대 끝의 고독
>   촘촘히 박힌 못자국의 아픔을
>   바람은 알까
>   후회 같은 체념 한 자락
>   날지 못하는 나무새의 간절한 꿈
>
>   -「솟대」전문

'높은 가지 끝에 앉아/더 높고 넓은 세상을/비행하는 꿈을 꾼다'라며 마을 어귀에 긴 장대를 세우고 그 위에 한 쌍의 새 조형물을 얹어 놓은 솟대를 의인화擬人化하여 화자의 소망을 말한다. '너는 땅속 깊이 발을 묻은/목각 수호신'으로 형태상으로 지상에서 천상을 향해서 높이 솟았다. '가벼이 날 수 없어/물먹은 긴 장대 끝의 고독'한 모습의 새는 지상과 하늘을 자유로이 왕래할 수 있는 영물靈物로 숭배되었다. 이 때문에 지상의 온갖 소원을 천상의 신들에게 전하는 매개체로서의 상징성을 지닌다. 잡귀의 침입을 막는 마을의 안녕과 수호신적 존재이다. '촘촘히 박힌 못자국의 아픔을/바람은 알까'라며 화자가 품고 있는 세계를 반어적反語的으로 말한다. 시는 소리와 형식이 융합된 장르다. 화자는 「솟대」 시를 통해 어떻게 사는 것이 현명한 삶인지를 넌지시 보여주고 있다.

> 길고 깜깜했던
> 땅속 생활이 억울했을까
> 날개가 없어 한 번도 날아보지 못한
> 굼벵이 시절이 원통했을까
> 모두들 한자리씩
> 꿰차는 그 자리에
> 제 이름 석 자는 없었던지
> 허공을 향해 목놓아 운다
> 맺힌 한은 어쩌자고
> 저토록 한 생애를 끌고 가는 것일까
> 고요를 깨는 소리가 성가신지
> 바람이 지나고
> 늦여름 느티나무 한 그루
> 잎을 흔드네
>
> -「매미」 전문

　매미는 한여름을 울기 위해 4~6년간을 땅속에서 굼벵이로 지낸다. '길고 깜깜했던/땅속 생활이 억울했을까/날개가

● 해설

없어 한 번도 날아보지 못한/굼벵이 시절이 원통했을까'라며 화자의 독백이듯 곳곳에서 절규絶叫가 들려온다. 화자는 매미를 통해 무엇을 말하고 싶었던 것일까. 굼벵이가 지붕에서 떨어지는 것은 매미가 될 생각이 있어서이다는 말이 있다. 여름 한철만 살고 번데기로 되었다가 껍질을 벗고 성충이 된다. 이러한 매미의 변태變態 과정은 불사不死와 재생을 상징한다. 화자는 허공을 향해 목놓아 우는 매미는 모두가 한자리씩 꿰차는 세태에 제 이름 석 자는 없는지라고 삶의 쓸쓸함을 보여준다. 하지만 이 짧은 시를 통해 '바람이 지나고/늦여름 느티나무 한 그루/잎을 흔드네'라며 순수한 영혼의 소유자라는 사실을 은연중 확인하게 한다. 매미는 문文, 청淸, 염廉, 검儉, 신信 다섯 가지 덕이 있다 하여 유교 전통에서 숭앙받아 온 곤충이 아닌가. 시인의 주관적인 정서가 시「매미」처럼 한 편의 시 속에 이미지로 응축되어 있을 때 독자는 신비스러운 교감交感을 통해 공감한다.

> 겹겹이 포개진 산
> 겨우내 꼭 다물고 있던 입술에
> 연분홍 립스틱을 발랐네
> 오래된 슬레이트 지붕
> 흙벽에 걸린 마른 시래기 몇 두름
> 한 뼘쯤 자란 텃밭의 마늘
> 병아리 몰고 가다 혼나는 강아지
> 거기까진 그릴 수 있어

꽃향기 봄의 온도
새소리 물소리 경운기 소리
때마침 차오르는 향수는
무슨 색으로 그려야 하나
연둣빛 섞인 봄날에

-「봄 스케치」 전문

모든 생명을 출발시키는 봄의 전경이 눈에 확 들어오는 시이다. 봄은 새싹이 돋아나고 햇볕이 따스해지며 만물이 소생하는 계절의 시작이다. 생명의 탄생, 아름다움 등을 상징한다. 화자는 '거기까진 그릴 수 있어' 하면서 '때마침 차오르는 향수는 무슨 색으로 그려야 하나/연둣빛 섞인 봄날에'라며 떠나온 고향 언덕에 펼쳐진 봄의 정취를 생각난 듯 차오른 향수를 노래한다. '거기까진 그릴 수 있어/꽃향기 봄의 온도'라며 꽃이 피고 벌과 나비가 꽃 속의 꿀을 탐하는 봄은 아름다움의 극치임을 보여준다. 아름다운 자연 속에 몰입하는 물아일체物我一體의 경지를 시적 묘사했다. 사랑하는 눈으로 본 포근한 봄의 생기가 느껴진다. 봄은 즐거운 사랑의 계절이 아닌가. 화자에게 봄은 '겨우내 꼭 다물고 있던 입술에/연분홍 립스틱 바르고 오는 어여쁜 세계'라고 은유적으로 형상화했다. 가장 좋은 시는 눈으로 궁극窮極의 것을 본다.

내가 속을 다 아는데
여름날 푸르죽죽한

● 해설

> 제 모습을 감추고
> 언제 그랬냐는 듯이
> 곱게 물들어간다
> 산과 허공의 경계를
> 불타오르게 하고
> 구름 몇 점 묻은 하늘까지
> 붉게 물들이는 잎이여
> 너는 진정 가을이었다
>
> ―「단풍」 전문

 이 시의 경우 가을은 변하는 색조色調에 비유되고 붉은색으로 물든다. 굳은 마음이 변한다. 청록의 영원한 젊음이라는 여름의 모습을 슬그머니 감추고 '산과 허공의 경계를/불타오르게 하고/구름 몇 점 묻은 하늘까지/붉게 물들이는 잎이여'라며 한구석도 남김없이 가을 빛깔로 내리는 풍광을 읊고 있다. 감정이 그득하다. 농경사회에서 가을은 수확의 계절이기 때문에 풍요, 결실, 기쁨을 상징한다. 이 시에서는 여름이 젊음과 꿈의 푸른빛이라면 가을은 붉은빛이라며 화자는 생명이 시드는 노쇠나 허전한 천지가 아닌 아름다움을 창조하는 이미지를 제시한다. 마지막 행 '너는 진정 가을이었다'라며 시인의 소명이 하찮음의 가치를 찾는 것이라고 할 때 독자의 소명은 그 가치를 호화롭게 누리게 하는 것이 시인의 몫이 아닌가. 읽을수록 회화적繪畫的 효과가 정서적 안정을 안겨준다.

저 작곡가가
물 고인 장독대 위로
동그라미를 그리며
뛰어내리는 소리는
흐렸던 하늘이
맑은 물에 자신을
들여다보려는 소리
울퉁불퉁한 세상을
한 바퀴 돌아서
인생을 되새김질하는 소리
잠결에 듣는 저 소리는
몰려오는 무정한 것들과
적막함을 모른 체 외면하며
의연하게 살아보려고
너스레를 떠는 소리

                              -「빗소리」 전문

막차를 타고 온 사람처럼
창문을 두드리고 있었지만
나는 빗장을 열지 않았고
불도 켜지 않은 채로
그의 숭숭한 허물을 들여다보고 있었다
그는 옛 연인의 기타 소리와 유장한 지난날과
가슴을 붉게 앓다 져버린

● 해설

>   낙엽의 비애를 데리고 온다
>
>   -「늦가을 비」 일부

　화자는 '낙엽의 비애를 데리고 온다'라며 상실감을 희석하거나 완화한다. 비는 흔히 천상에서 지상으로 하강하는 까닭에 슬픔과 절망, 비애와 눈물을 상징한다. 세차게 쏟아지는 비는 자신의 질서를 일시에 뒤바꿔 놓는다. 부패한 것을 정화淨化시키는 힘과 생명력을 표상한다. 비는 세상을 비옥하게 한다는 점에서 생명력을 상징한다. 하지만 빗방울이 눈물에 비유될 때 비는 눈물, 비애, 이별을 상징한다. 화자는 시 「빗소리」에서 '울퉁불퉁한 세상을/한 바퀴 돌아서/인생을 되새김질하는 소리/몰려오는 무정한 것들과/적막함을 모른 체 외면하며/의연하게 살아보려고/너스레를 떠는 소리'라는 말이 암시하듯이 멈추지 않는 세계를 상징한다. 그것은 새로운 삶의 세계를 위한 보이지 않는 비밀의 소리다. 소리가 드세질수록 외로움의 강도도 드세진다. 연이어 「늦가을 비」에서 '그는 옛 연인의 기타 소리와 유장한 지난날과/가슴을 붉게 앓다 져 버린'이라는 이미지가 암시하듯이 어둠과 허무를 노래한다. 화자는 위 두 시에서 보듯 누군가 읽지 못한 것을 능숙하게 찾는 눈을 가진 듯 보인다.
　다음은 김연화 시인이 꽃을 노래한 몇 편의 시들을 보자.

>   어디에 그토록 고운 색을
>   머금고 있다가

내리쬐는 햇살과 눈이 맞아서
색색이 고운
홑치마만 두르고 앉아
오가는 이의 눈길이 부끄러워
홍조를 띠었네
-「채송화」 일부

봄이 그에게 보낸 연서일까요
진한 향을 날리네요
나의 생이 다하고 난 뒤의 흔적들도
저 꽃만큼은 되어야 하지 않을까 생각해 봅니다
-「수수꽃다리」 일부

비 갠 아침 산에 승무를 추며
피어오르는 운무 그와 동명인 꽃
색깔을 나르던 산의 실수로
하얗게 피어나서
다른 꽃들을 위해
자신은 반만 내보이는 미덕의 꽃
-「안개꽃」 일부

벌들은 꽃가루 범벅이 되고
향기에 취한 나비가 비틀거리고
가족들의 손길은 바빠지고

● 해설

> 수줍은 꽃들은 성냥개비 꼬투리 같은
> 아기 열매를 산란해 내느라
> 정신이 없을 때
> 달빛 아래 그림자를 데리고 나와
> 마음을 쉬던 곳
> －「복사꽃 피면」 일부

> 어머니 가꾸시던 고향집 산밭에는
> 별들이 내려와
> 보랏빛 등을 켜고 살았네
> －「도라지꽃」 일부

위 시에서는 봄과 함께 색의 세계가 품고 있는 무한대의 이야기가 펼쳐진다. 꽃은 본질적으로 일시성, 봄, 아름다움을 상징한다. 피고 질 때 생명의 덧없음을 드러낸다. 빛깔에 따라 저마다 의미가 다르다. 자주색 꽃 수수꽃다리, 채송화나 복사꽃처럼 붉은 꽃은 생명과 격정을 상징한다. 안개꽃, 이팝나무꽃처럼 흰 꽃은 청순함과 번뇌가 없음을 나타낸다. 빛깔이며 향기며 서로 뽐내듯 다르다. 색깔은 외면할 수 없는 중요한 삶의 요소이다. 그렇기에 색깔은 힘이 세다. 화자에게 들켜 한편 꽃은 영혼을 상징한다는 점에서 이 꽃 역시 영혼을 상징한다. 그러나 이 꽃은 생성의 아픔을 거느린 영혼의 세계이다. '어머니가 가꾸시던 고향집 산밭에는/별들이 내려와/보랏빛 등을 켜고 살았네'처럼 꽃을 소재로 한 시 대

부분에서 아름다운 미동微動을 섬세하게 포착하여 따뜻하기 그지없는 정서적 실감으로 그것을 감싸고 있다.

 김연화 시인만의 예리한 안목으로 꽃이 지닌 새로운 미美을 발견하기도 한다. '자신은 반만 내보이는 미덕의 꽃'처럼 아름다움을 담아낼 예술 형식을 찾아 자신만의 심미 체험을 눈에 보이는 작품의 형태로 만들어낸다. 김연화 시인은 누구나 품을 수 있는 소박한 마음으로 일상의 정갈함을 소중히 담아냈다. 그의 시를 읽고 나서 긴 여운이 남는 까닭은 진솔한 마음을 시 한 편에 맑은 언어로 담았기 때문이다. 지금까지 언급했던 다섯 편의 시로 접붙이기를 한다면 십중팔구 모두 아름다운 환경이다. 하나같이 양지바른 봄날 창문을 여는 풍광을 내비친다.

> 뿌리 곁에
> 선홍빛 물감을
> 꾹꾹 묻어두었던 걸까
> 어머니의 가슴처럼
> 혼자만 아는
> 슬픔이라도 있는 건지
> 꽃잎은 저리도 핏빛이구나
>
> －「동백」 전문

 서정시는 소리와 뜻 사이의 망설임이다. 화자는 2행에 '선홍빛 물감을/꾹꾹 묻어두었던 걸까'라며 망설임 없이 자유

● 해설

자재로 부리는 가락이 「동백」 짧은 시에 숨어있다. 5행에 '혼자만 아는/슬픔이라도 있는 건지/꽃잎은 저리도 핏빛이구나'라며 탁월하게 동백이 지닌 이미지를 붙잡아 노래했다. 언어의 암시성으로 정신이 주는 감동을 느낄 수 있다. 시는 비유와 함축이 생명이다. 이처럼 7행의 짧은 시는 독자에게 생각할 공간과 여지를 준다.

> 시냇가의 조약돌을
> 빛나는 보석으로
> 다듬는 그대
> 닮고 싶어 귀 기울이는
> 아픈 내 달팽이관엔
> 별빛 부서지는 소리만
> 들리더라
>
> —「시인」 전문

김연화 시인은 감칠맛 나는 리듬의 축약성을 백분 발휘한다. 시를 읽는 즐거움을 준다. '닮고 싶어 귀 기울이는/아픈 내 달팽이관엔/별빛 부서지는 소리만/들리더라'라며 화자가 어떻게 시어를 건져 올리는지 짧은 시 속에서 도드라져 보이게 만든다. 시가 긴장을 이룰 때 독자들을 끌어당기고 감동을 준다. 발효가 잘된 반죽의 기술이다.

> 수천만 마리의 흰 나비 떼

온통 하얀 세상이다
시는 정신을 담는 그릇이라는
산속 오두막 노 시인의 말이
꼬리에 꼬리를 문다
사색할 때나 홀로 있을 때
너를 찾지만 그때마다 너는 왜
멀리 있고 아득하기만 할까
발맘발맘 걸어서 만나야 할 너
달팽이 걸음으로라도
언젠가 가닿을
네가 있는 세상을 꿈꾸는데
만개해서 허공에 날리는
송이눈이 되어
오늘 내게로 왔다

-「눈 오는 날 시 쓰기」 전문

  화자는 흰 빛깔이 내리니 '수천만 마리의 흰 나비 떼/온통 하얀 세상이다' 라며 그것이 모두 시가 된다고 노래한다. 하얀 종이에 언어가 앉는 이미지로 화자가 얼마나 시를 흠모하는지 제시된다. 옴니버스 영화를 보는 것처럼 효과를 준다. 시를 반복해서 읽는 동안 '흰 나비 떼'가 기어이 일어선다. 시는 열고, 닫고, 던지고 받는 형식으로 리듬을 만든다. 화자는 노老 시인의 말을 빌려 '시는 정신을 담는 그릇'이라는 말이 '꼬리에 꼬리를 문다'라고 이 시를 구성하는 뼈대라 할 수

● 해설

있다. 시는 사상과 정서를 경험과 상상력을 발휘하여 함축적이고 운율 있는 언어로 직유, 은유, 대유, 역설 등 다양한 기법으로 표현한다. 시가 포착하고 있는 '너를 찾지만 그때마다 너는 왜/멀리 있고 아득하기만 할까'라는 모습을 보일까. 화자는 '달팽이 걸음이라도/언젠가 닿을 네가 있는 세상을' 갈구渴求하는 감정에 몰입한다. '발맘발맘 걸어서 만나야 할 너'라고 화자의 행동을 시각적으로 나타낸다. 눈 오는 날 '송이눈이 되어/오늘 내게로 왔다'고 한 편의 시가 탄생하였음을 형상화한다. 읽으면 그림이 먼저 열려 독자로부터 공감을 얻기 쉬운 시다.

2013년 시인으로 등단登壇한 김연화 시인이 12년 만에 묶는 두 번째 시집이다. 오랫동안 써온 시를 한 편 한 편 읽다 보니 그가 왜 시를 써야 하는지 어렴풋이 필연적인 이유를 알 듯하다. 정체성을 한순간도 잊지 않고 언어를 통해 다양한 감각을 재현하고 있음을 읽을 수 있다. 김연화 시인은 수원 시단詩壇에 생기와 윤기를 불어넣기에 충분하다. 그의 시 작품 전개와 융흥隆興을 발견했기 때문이다. 사랑과 자연을 옹호하는 밝고 따뜻한 서정적 시 세계를 읽을 수 있기에 그렇다. 머릿속에 잡힌 어떤 윤곽을 제대로 형상화하는 시를 접하는 경우가 많다. 김연화 시인의 시안詩眼은 모국어의 심미적 결을 한층 세련화하고 시적 미감을 최대화하고 있다. 시인으로 토속적인 이미지를 호출하기도 한다. 그의 시는 서정의 미학을 추구하면서 시어마다 은은한 결을 구성하고 있다.

　독자들은 김연화 시인의 시들이 던지는 깊은 메시지에 귀 기울일 필요가 있다. 김연화 시인은 『다섯 번째 계절』이라는 시집처럼 오직 문학을 위해 앞으로도 끝없는 열정으로 시작詩作에 몰두하여 독자들의 심금을 울리는 매력적이고 감동적인 시를 선보일 것이다. 땅끝마을 '글을 토해내는 곳'이라는 토문재吐文齋 문학촌 입주작가로서 시밭詩田을 일구고 있기에 그렇다. 상상에 상상을 더하면 상상 밖의 길이 열린다. 훌륭한 시인을 만드는 힘은 단 하나, 상상력이다. 시의 눈은 늘 일상 너머를 살핀다. 생각지도 않은 것이 시의 서식지棲息地가 된다. 김연화 시인의 세 번째 선언을 너무 오래 기다리지 않았으면 좋겠다. 튀르키에 시인 나짐 히크메트Nazim Hikmet는 "가장 훌륭한 시는 아직 씌어지지 않았다."며 아직 살지 않은 날들에 대한 희망과 가능성을 노래하고 있다. 시인에게 '시집 한 권은 새로운 우주'라고 하지 않는가? 시에 천착穿鑿하여 시를 잘 쓰는 것 못지않게 끝까지 시의 끈을 놓지 않는 현역이길 바란다. 김연화 시인은 그가 사랑하는 '빗소리, 매미, 함박눈, 이팝꽃, 민들레 꽃씨'와 함께 자유롭게 날아다닐 것을 믿으며 시인에게 보낼 답신을 끝맺는다.

김연화 시집 발간에

　김연화 시인의 시집, 『다섯 번째 계절』이 시인의 방을 나와 이제 막 세상에 '선보이게 되었다. 시인 스스로도 대견하겠지만 출판사 편집진도 뿌듯하다. 김연화 시인의 이 시고들은 샘물 편집진이 발견한 보기 드문 수작들이다. 많은 시간을 숙성시키면서 다듬고 걸러내어 향기 나는 시 가운데 74편을 고른 것이다. 아마도 이 시집을 접하는 독자들께서는 잘 다듬어진 정원수를 보듯 단정한 시인의 마음 정원을 보게 될 것이다.

　시인은 살아가면서 세상의 모든 것이 시 대상 아닌 것이 없고, 시인 마음에 시상이 아닌 것으로 채운 적이 없다는 듯이 세상 구석구석을 시로 채웠다.

　시인은 수줍음을 많이 탄다. 세상의 모든 대상이 익숙한 듯 낯설고 호기심 가득하다. 낯선 것들과 익숙해지기, 소원한 것들과 친해지기, 소소한 것들과 특별해지기. 그러한 눈빛이 사물에 따뜻한 의미를 전하고 소통하여 세상에 알리는 작업을 시인은 끊임없이 하였다.

시인이 정의한 세상의 이야기를 우리는 높이 사고자 한다. 사람들 눈에 비껴간 풍경들에게 이야기를 만들고, 두고 온 고향 늙어가는 문설주에도 추억을 담아 정의한 이야기를 우리는 세상에 펴내기로 하였다.

시인의 섬세한 이야기들이 새로운 언어로 탄생하여 세상은 향기로 가득할 것이다.

문학박사 김운기